Impressum
Verlag: BABADADA GmbH, Nedderfeld 112 , 22529 Hamburg
Geschäftsführer / Verlagsleitung: Harald Hof
Druck: Books on Demand GmbH, In de Tarpen 42, 22848 Norderstedt

Imprint
Publisher: BABADADA GmbH, Nedderfeld 112 , 22529 Hamburg, Germany
Managing Director / Publishing direction: Harald Hof
Print: Books on Demand GmbH, In de Tarpen 42, 22848 Norderstedt, Germany

# la escuela

## kool

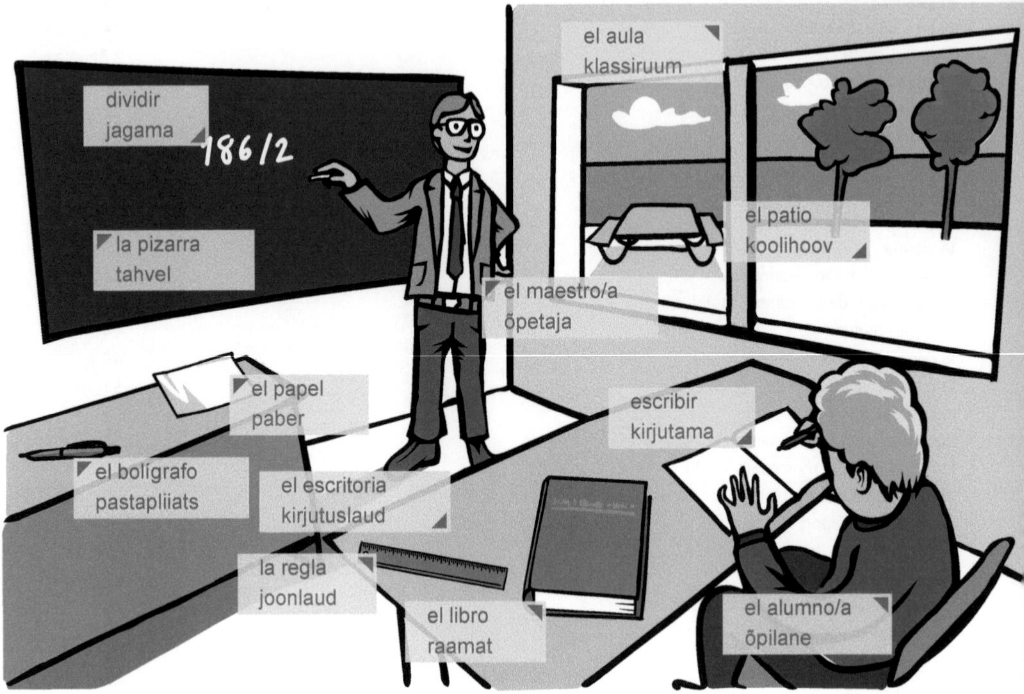
el aula
klassiruum
dividir
jagama
186/2
la pizarra
tahvel
el patio
koolihoov
el maestro/a
õpetaja
el papel
paber
escribir
kirjutama
el bolígrafo
pastapliiats
el escritoria
kirjutuslaud
la regla
joonlaud
el libro
raamat
el alumno/a
õpilane

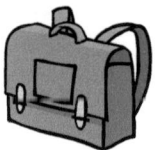

la cartera

koolikott

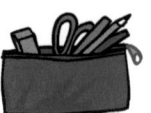

la caja de lápices

pinal

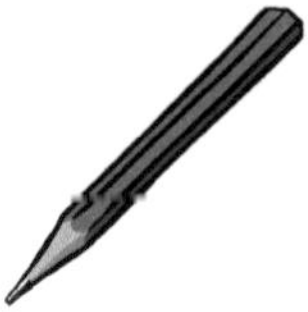

el lápiz

harilik pliiats

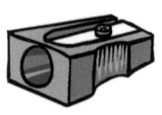

el sacapuntas

pliiatsiteritaja

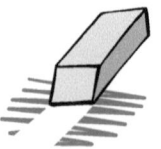

la goma de borrar

kustukumm

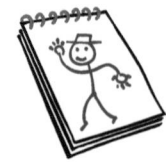

el cuaderno de dibujo

joonistusplokk

el dibujo

joonistus

el pincel

pintsel

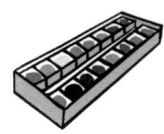

la caja de pinturas

värvikarp

las tijeras

käärid

el pegamento

liim

el cuaderno de ejercicios

töövihik

los deberes

kodutöö

**12**

el número

number

**2+2**

sumar

liitma

**5-2**

restar

lahutama

**2×2**

multiplicar

korrutama

calcular

arvutama

la letra

täht

**ABCDEFG HIJKLMN OPQRSTU VWXYZ**

el alfabeto

tähestik

la palabra

sõna

el texto
tekst

leer
lugema

la tiza
kriit

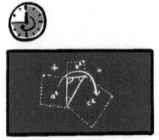

la lección
koolitund

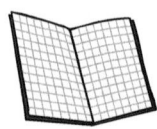

el cuaderno de notas
klassipäevik

el examen
eksam

el certificado
tunnistus

el uniforme
koolivorm

la educación
haridus

la enciclopedia
entsüklopeedia

la universidad
ülikool

el microscopio
mikroskoop

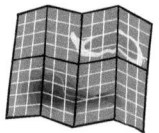

el mapa
kaart

la papelera
paberikorv

# el viaje
# reisimine

el hotel
hotell
Grand
el albergue
hostel
ROOMS
oficina de cambio de divisas
luutavahetuspunkt
la maleta
kohver
el coche
auto

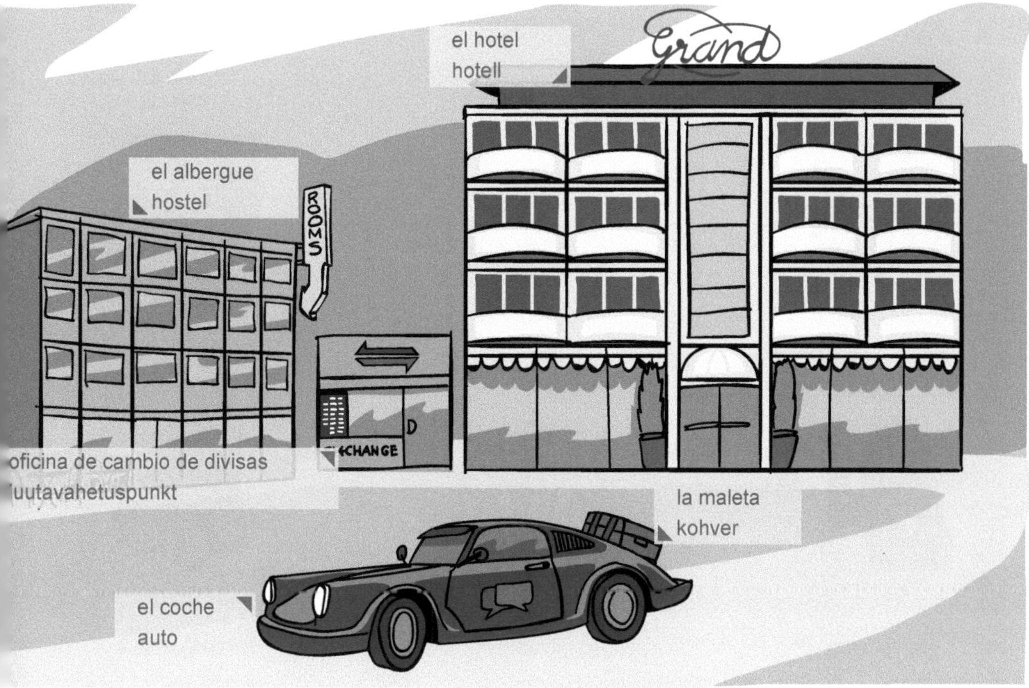

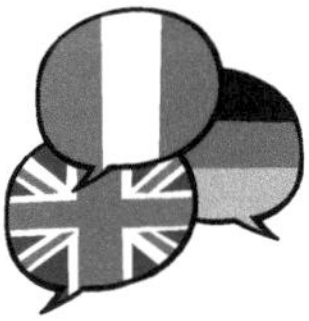

el idioma

keel

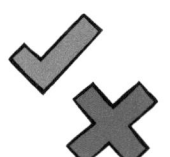

sí / no

jah / ei

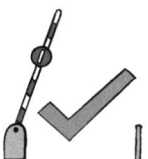

Vale

okei

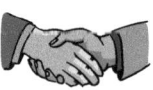

hola

Tere!

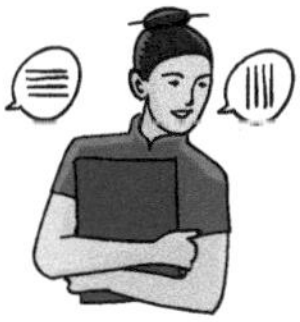

el traductor

tõlk

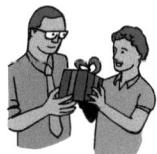

Gracias

Aitäh!

¿cuánto es...?

Kui palju maksab ...?

No entiendo

Ma ei saa aru

el problema

probleem

¡Buenas tardes!

Tere õhtust!

¡Buenos días!

Tere hommikust!

¡Buenas noches!

Head ööd!

adiós

Head aega!

la dirección

suund

el equipaje

pagas

la bolsa

kott

la mochila

seljakott

el invitado

külaline

la habitación

tuba

el saco de dormir

magamiskott

la tienda de campaña

telk

la información turística

turismiinfo

la playa

rand

la tarjeta de crédito

krediitkaart

el desayuno

hommikusöök

el almuerzo

lõunasöök

la cena

õhtusöök

el billete

pilet

el ascensor

lift

el sello

postmark

la frontera

riigipiir

la aduana

toll

la embajada

saatkond

la visa

viisa

el pasaporte

pass

# el transporte
## transport

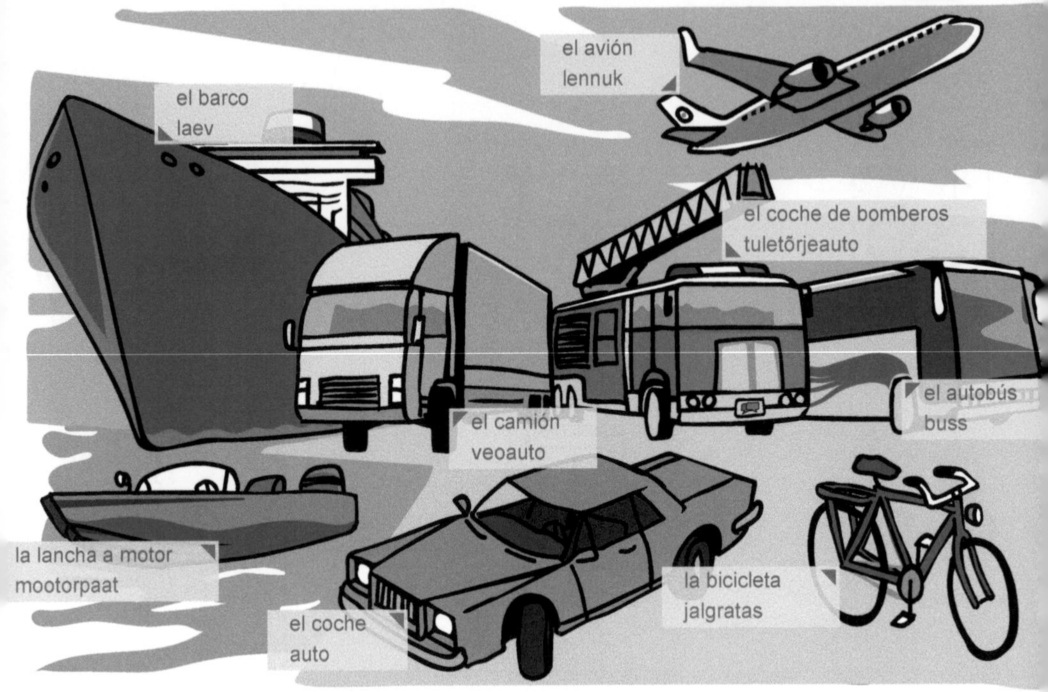

el avión
lennuk
el barco
laev
el coche de bomberos
tuletõrjeauto
el autobús
buss
el camión
veoauto
la lancha a motor
mootorpaat
la bicicleta
jalgratas
el coche
auto


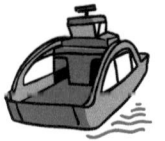

el transbordador
praam

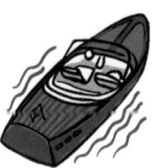

la barca
paat

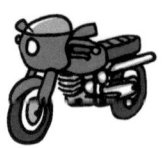

la moto
mootorratas

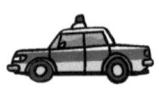

el coche de policía
politseiauto

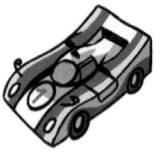

el coche de carreras
võidusõiduauto

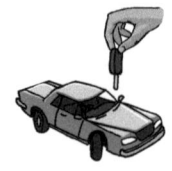

el coche de alquiler
rendiauto

el préstamo de vehículos

ühisauto

la grúa

puksiirauto

el camión de la basura

prügiauto

el motor

mootor

la gasolina

kütus

la gasolinera

tankla

la señal de tráfico

liiklusmärk

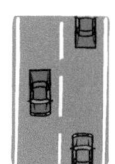

el tráfico

liiklus

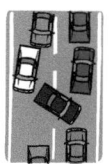

el atasco

liiklusummik

el aparcamiento

parkla

la estación de tren

raudteejaam

las vías

rööpad

el tren

rong

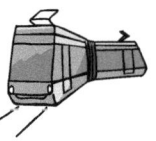

el tranvía

tramm

el vagón

vagun

el helicóptero

helikopter

el aeropuerto

lennujaam

la torre

torn

el pasajero

reisija

el contenedor

konteiner

la caja de cartón

pappkast

la carretilla

käru

la cesta

korv

despegar / aterrizar

õhku tõusma / maanduma

## la ciudad

## linn

el pueblo

küla

el centro de la ciudad

kesklinn

la casa

maja

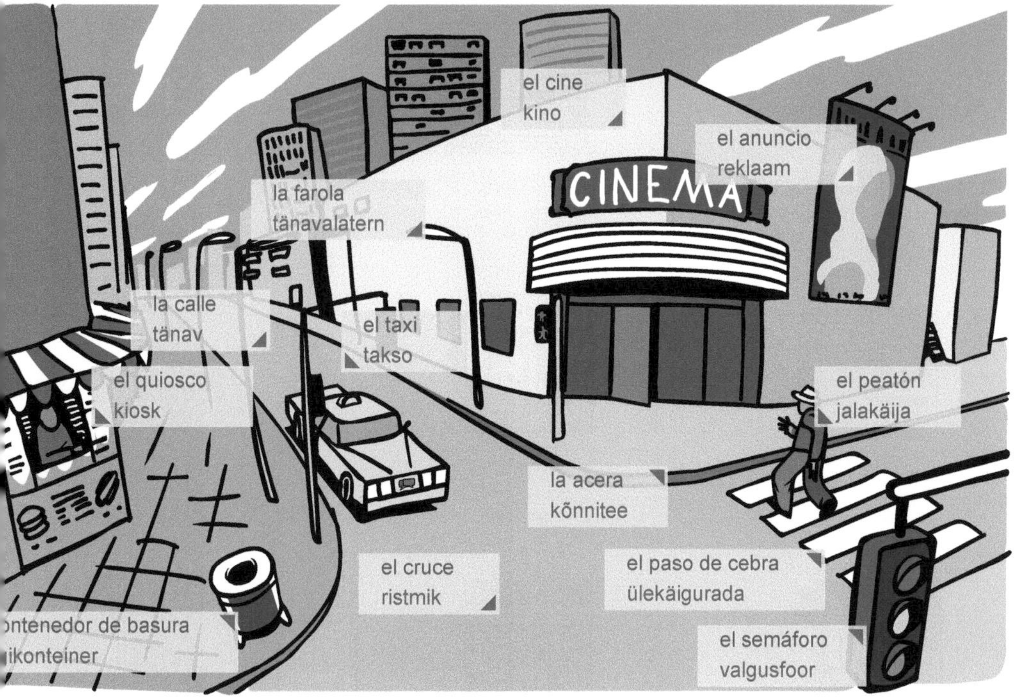

el cine
kino

el anuncio
reklaam

la farola
tänavalatern

la calle
tänav

el taxi
takso

el peatón
jalakäija

el quiosco
kiosk

la acera
kõnnitee

el cruce
ristmik

el paso de cebra
ülekäigurada

ontenedor de basura
ikonteiner

el semáforo
valgusfoor

la cabaña
osmik

el apartamento
kortermaja

la estación de tren
raudteejaam

el ayuntamiento
raekoda

el museo
muuseum

la escuela
kool

la universidad

ülikool

el banco

pank

el hospital

haigla

el hotel

hotell

la farmacia

apteek

la oficina

kontor

la librería

raamatupood

la tienda de campaña

kauplus

la floristería

lillepood

el supermercado

supermarket

el mercado

turg

los grandes almacenes

kaubamaja

la pescadería

kalapood

el centro comercial

kaubanduskeskus

el puerto

sadam

el parque

park

el banco

pink

el puente

sild

las escaleras

trepp

el metro

metroo

el túnel

tunnel

la parada de autobús

bussipeatus

el bar

baar

el restaurante

restoran

el buzón

postkast

el poste indicador

tänavasilt

el parquímetro

parkimisautomaat

el zoo

loomaaed

la piscina

ujula

la mezquita

mošee

la granja

talu

la contaminación

reostus

el cementerio

surnuaed

la iglesia

kirik

el patio de juego

mänguväljak

el templo

tempel

## el paisaje

## maastik

la hoja
leht

la señal
teeviit

el camino
tee

el prado
aas

la piedra
kivi

el excursionista
matkaja

el árbol
puu

el río
jõgi

la hierba
rohi

la flor
lill

el valle

org

la colina

mägi

el lago

järv

el bosque

mets

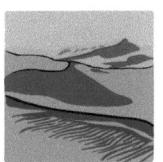

el desierto

kõrb

el volcán

vulkaan

el castillo

linnus

el arcoíris

vikerkaar

el champiñón

seen

la palmera

palm

el mosquito

sääsk

la mosca

kärbes

la hormiga

sipelgas

la abeja

mesilane

la araña

ämblik

el escarabajo

mardikas

la rana

konn

la ardilla

orav

el erizo

siil

la liebre

jänes

la lechuza

öökull

el pájaro

lind

el cisne

luik

el jabalí

metssiga

el ciervo

hirv

el alce

põder

la presa

pais

la turbina eólica

tuuleturbiin

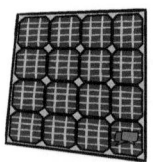

el panel solar

päikesepaneel

el clima

kliima

# el restaurante
## restoran

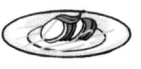

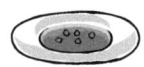

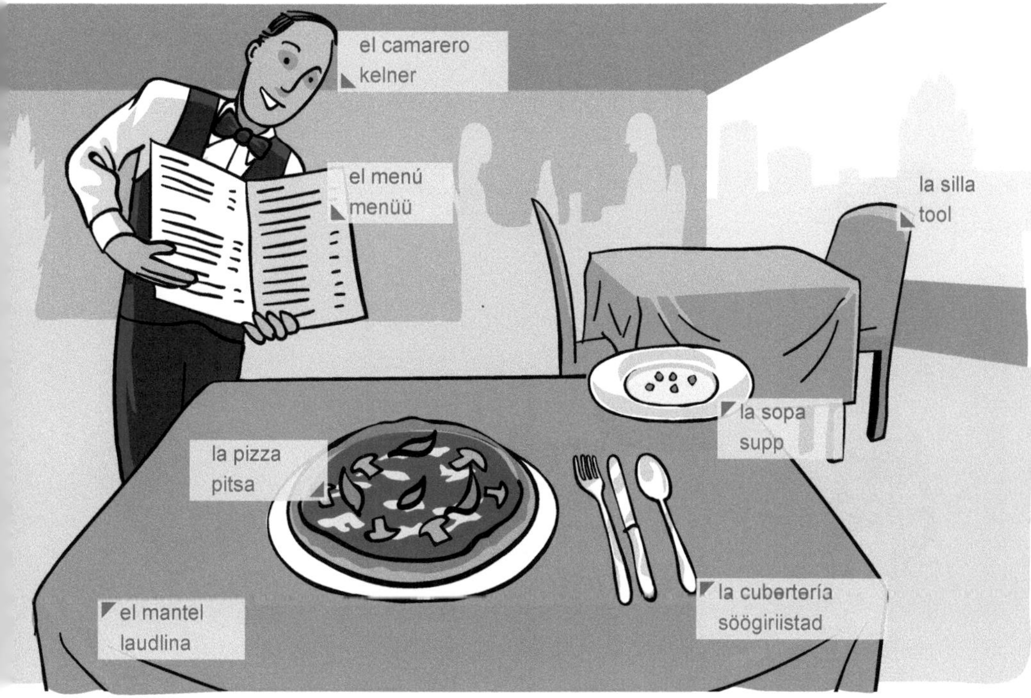
el camarero
kelner
el menú
menüü
la silla
tool
la sopa
supp
la pizza
pitsa
la cubertería
söögiriistad
el mantel
laudlina

el primer plato
eelroog

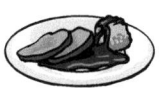

el plato principal
pearoog

el postre
magustoit

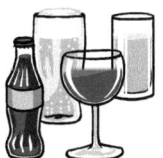

las bebidas
joogid

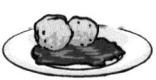

la comida
toit

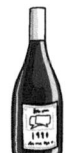

la botella
pudel

la comida rápida

kiirtoit

la comida callejera

tänavatoit

la tetera

teekann

el azucarero

suhkrutoos

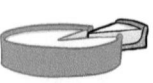

la porción

portsjon

la cafetera expreso

espressomasin

la trona

lastetool

la cuenta

arve

la bandeja

kandik

el cuchillo

nuga

el tenedor

kahvel

la cuchara

lusikas

la cucharilla

teelusikas

la servilleta

salvrätik

el vaso

klaas

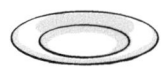

el plato

taldrik

el plato hondo

supitaldrik

el platillo

alustass

la salsa

kaste

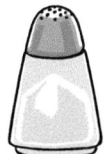

el salero

soolatoos

el molinillo de pimienta

pipraveski

el vinagre

äädikas

el aceite

õli

las especias

vürtsid

el ketchup

ketšup

la mostaza

sinep

la mayonesa

majonees

# el supermercado
## supermarket

la oferta especial
eripakkumine
FOR
el cliente
klient
los lácteos
piimatooted
la fruta
puuviljad
el carro de compra
ostukäru

BUTCHERS

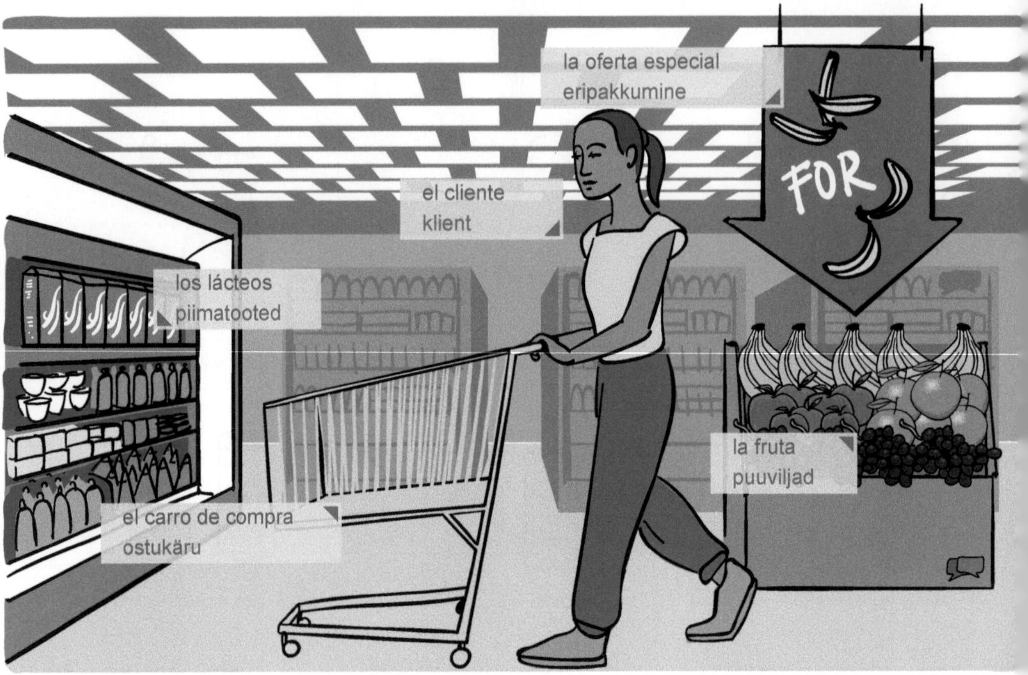

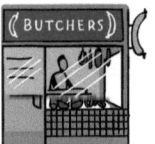

la carniceria

lihapood

BAKERY

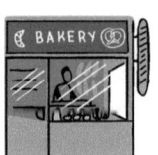

la panadería

pagariäri

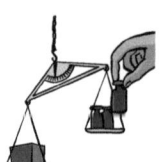

pesar

kaaluma

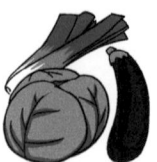

las verduras

köögiviljad

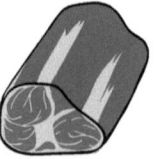

la carne

liha

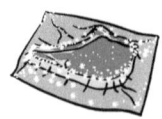

los alimentos congelados

külmutatud toit

los fiambres

lihalõigud

las conservas

konservid

el detergente en polvo

pesupulber

los dulces

maiustused

productos de uso doméstico

majatarbed

productos de limpieza

puhastustooted

la vendedora

müüja

la caja de cartón

kassaaparaat

el cajero

kassapidaja

la lista de la compra

ostunimekiri

el horario de atención al
público

lahtiolekuajad

la cartera

rahakott

la tarjeta de crédito

krediitkaart

la bolsa de plástico

kott

la bolsa de plástico

kilekott

el agua

vesi

el zumo

mahl

la leche

piim

la cola

koola

el vino

vein

la cerveza

õlu

el alcohol

alkohol

el cacao

kakao

el té

tee

el café

kohv

el expreso

espresso

el capuchino

cappuccino

el plátano

banaan

la manzana

õun

la naranja

apelsin

el melón

arbuus

el limón

sidrun

la zanahoria

porgand

el ajo

küüslauk

el bambú

bambus

la cebolla

sibul

el champiñón

seen

las avellanas

pähklid

los fideos

nuudlid

las espagueti

spagetid

el arroz

riis

la ensalada

salat

las patatas fritas

friikartulid

las patatas fritas

praekartulid

la pizza

pitsa

la hamburguesa

hamburger

el sándwich

võileib

el filete

šnitsel

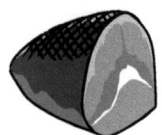

el jamón

sink

le salami

salaami

la salchicha

vorst

el pollo

kana

el asado

praeliha

el pescado

kala

los copos de avena

kaerahelbed

el muesli

müsli

los copos de maíz

maisihelbed

la harina

jahu

el cruasán

sarvesai

el panecillo

kukkel

el pan

leib

la tostada

röstsai

las galletas

küpsised

la mantequilla

või

la cuajada

kohupiim

el pastel

kook

el huevo

muna

el huevo frito

praemuna

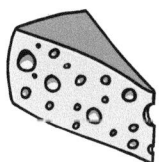

el queso

juust

el helado

jäätis

el azúcar

suhkur

la miel

mesi

la mermelada

moos

la crema de turrón

pähklivõie

el curry

karri

# la granja
## talu

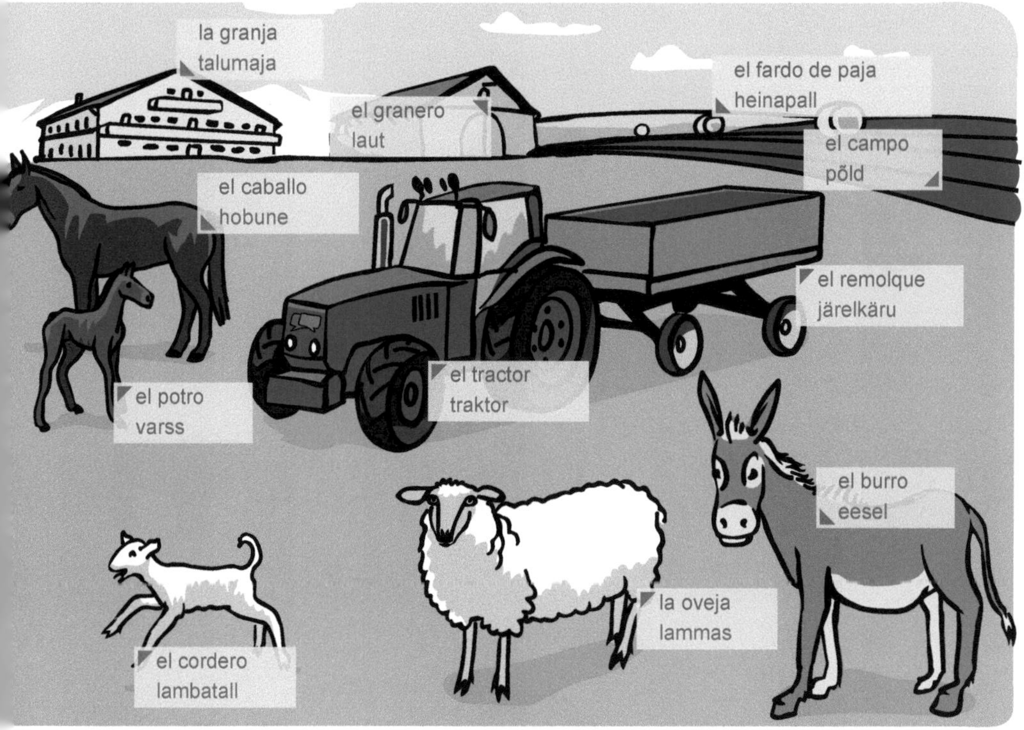

la granja
talumaja
el granero
laut
el fardo de paja
heinapall
el campo
põld
el caballo
hobune
el remolque
järelkäru
el tractor
traktor
el potro
varss
el burro
eesel
la oveja
lammas
el cordero
lambatall


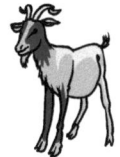

la cabra
kits

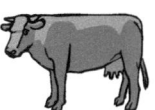

la vaca
lehm

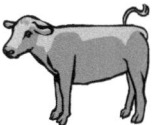

el ternero
vasikas

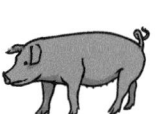

el cerdo
siga

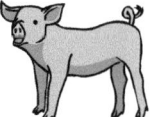

el cerdito
põrsas

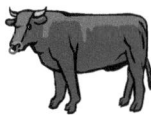

el toro
pull

el ganso

hani

el pato

part

el pollo

tibu

la gallina

kana

el gallo

kukk

la rata

rott

el gato

kass

el ratón

hiir

el buey

härg

el perro

koer

la perrera

koerakuut

la manguera

aiavoolik

la regadera

kastekann

la guadaña

vikat

el arado

ader

la hoz
sirp

la azada
kõblas

la horca
hang

el hacha
kirves

la carretilla
käru

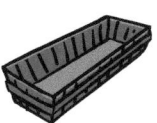

el abrevadero
küna

la lechera
piimanõu

el saco
kott

la valla
tara

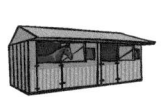

el establo
tall

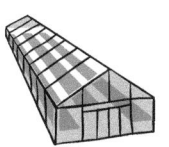

el invernadero
kasvuhoone

el suelo
muld

la semilla
seeme

el fertilizador
väetis

la cosechadora
kombain

cosechar

saaki koristama

la cosecha

saagikoristus

el ñame

jamss

el trigo

nisu

el soja

soja

la patata

kartul

el maíz

mais

la semilla de colza

raps

el árbol frutal

viljapuu

la mandioca

maniokk

las cereales

teravili

# la casa
## maja

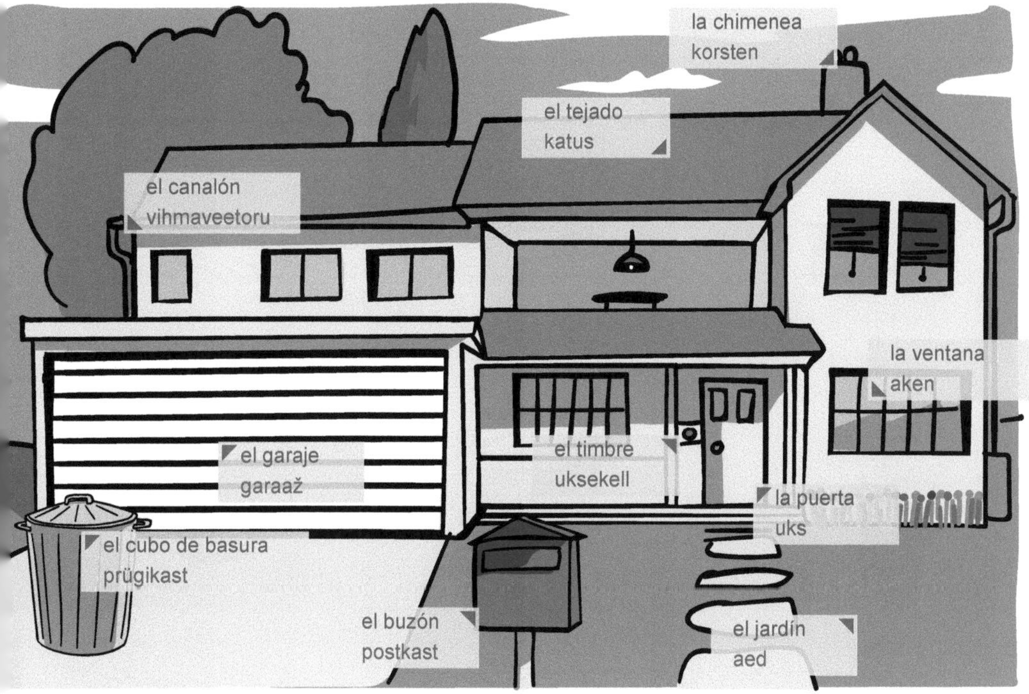

la chimenea
korsten
el tejado
katus
el canalón
vihmaveetoru
la ventana
aken
el garaje
garaaž
el timbre
uksekell
la puerta
uks
el cubo de basura
prügikast
el buzón
postkast
el jardín
aed


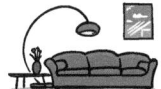

la sala
elutuba

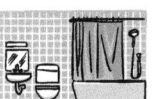

el cuarto de baño
vannituba

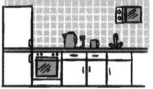

la cocina
köök

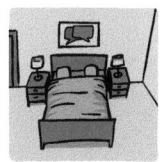

el dormitorio
magamistuba

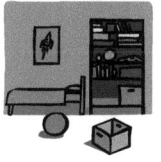

la habitación de los niños
lastetuba

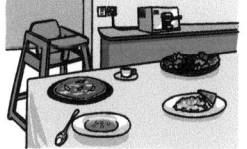

el comedor
söögituba

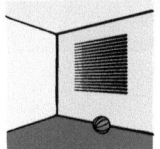

el suelo

põrand

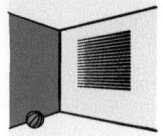

la pared

sein

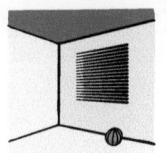

el techo

lagi

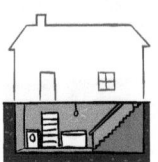

el sótano

kelder

la sauna

saun

el balcón

rõdu

la terraza

terrass

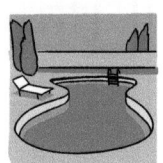

la piscina

bassein

el cortacésped

muruniiduk

la sábana

voodilina

la colcha

päevatekk

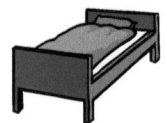

la cama

voodi

la escoba

luud

el balde

ämber

el interruptor

lüliti

# la sala

# elutuba

el papel pintado
tapeet
la imagen
pilt
la lámpara
lamp
el estante
riiul
el armario
kapp
la televisión
televiisor
la chimenea
kamin
la flor
lill
el cojín
padi
el sofá
diivan
el jarrón
vaas
el mando a distancia
kaugjuhtimispult


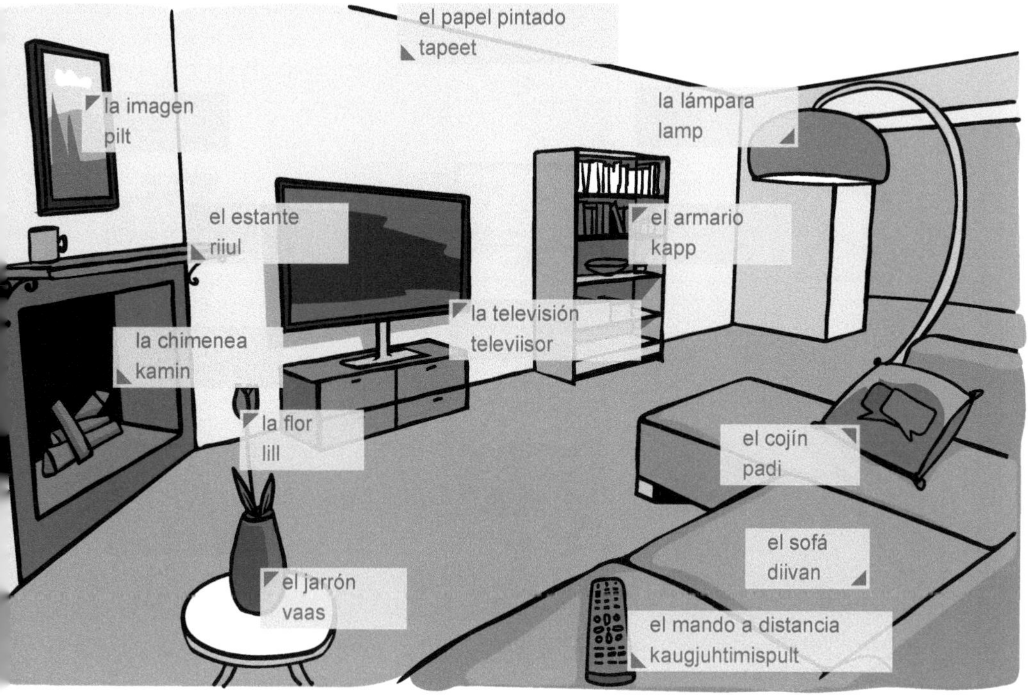

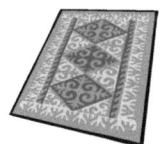

la alfombra

vaip

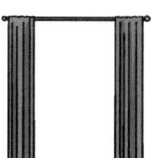

la cortina

kardin

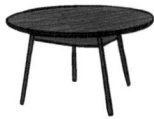

la mesa

laud

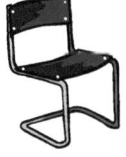

la silla

tool

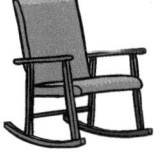

el mecedora

kiiktool

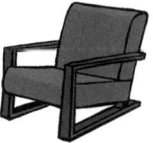

la butaca

tugitool

el libro

raamat

la manta

tekk

la decoración

kaunistus

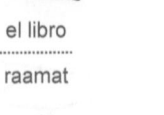

la leña

küttepuud

la película

film

el equipo de música

helisüsteem

la llave

võti

el periódico

ajaleht

la pintura

maal

el póster

plakat

la radio

raadio

el cuaderno

märkmik

la aspiradora

tolmuimeja

el cactus

kaktus

la vela

küünal

# la cocina
## köök

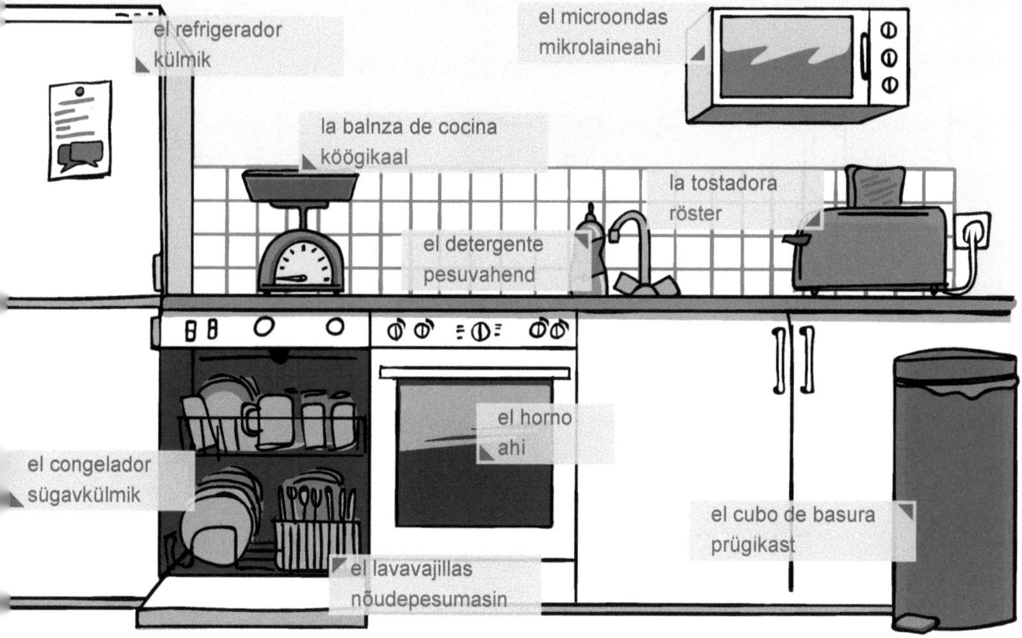
el refrigerador
külmik
el microondas
mikrolaineahi
la balnza de cocina
köögikaal
la tostadora
röster
el detergente
pesuvahend
el horno
ahi
el congelador
sügavkülmik
el cubo de basura
prügikast
el lavavajillas
nõudepesumasin

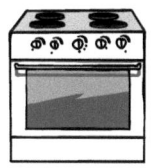

la olla a presión

pliit

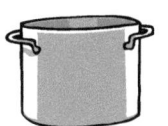

la olla

pott

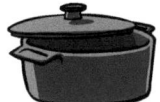

la olla de hierro fundido

malmpott

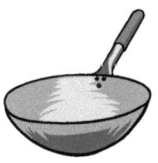

el wok

vokkpann

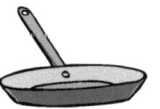

la cazuela

pann

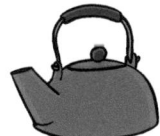

el hervidor

veekeetja

la vaporera

aurutaja

la chapa de horno

küpsetusplaat

la vajilla

lauanõud

la taza

kruus

el tazón

kauss

los palillos

söögipulgad

el cucharón

kulp

la espumadera

pannilabidas

el batidor

vispel

el colador

kurn

el cedazo

sõel

el rallador

riiv

el mortero

uhmer

la barbacoa

grill

la hoguera

lahtine tuli

la tabla de picar

lõikelaud

el rodillo

tainarull

el sacacorchos

korgitser

la lata

konservipurk

el abrelatas

konserviavaja

el agarrador

pajakinnas

el lavabo

kraanikauss

el cepillo

hari

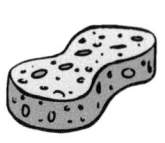

la esponja

pesukäsn

la batidora

kannmikser

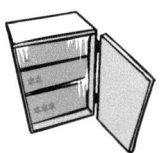

el congelador

sügavkülmuti

el biberón

lutipudel

el grifo

segisti

# el cuarto de baño

## vannituba

la ducha
dušš
la calefacción
küte
la toalla
käterätik
la cortina de la ducha
dušikardin
el baño de espuma
mullivann
la bañera
vann
el vaso
klaas
la lavadora
pesumasin
el grifo
segisti
las baldosas
plaadid
el orinal
pissipott
el lavabo
kraanikauss


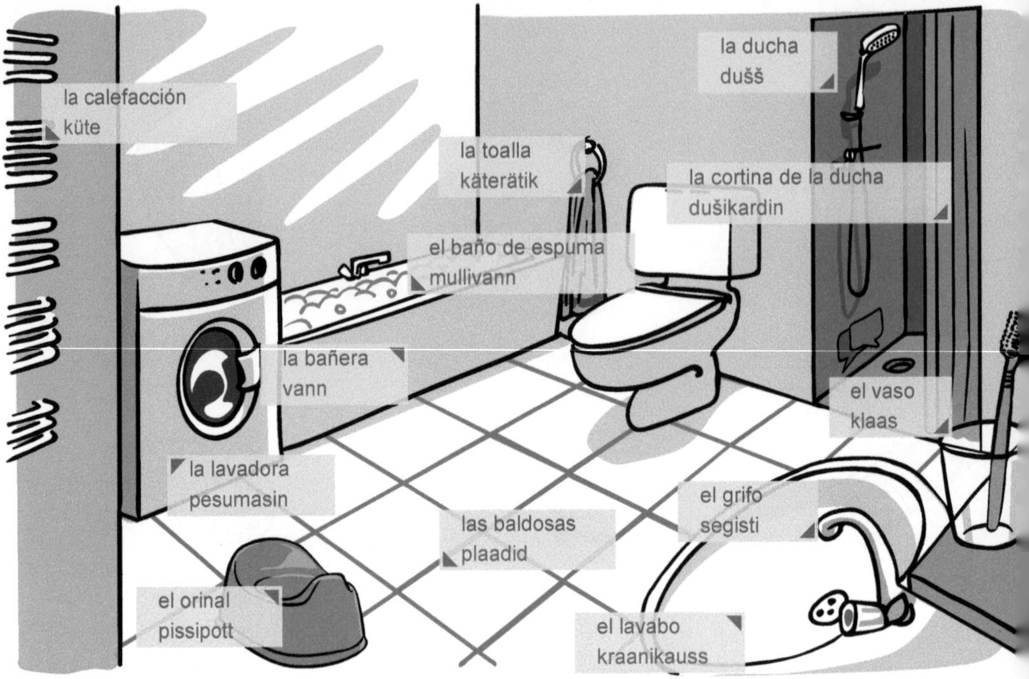

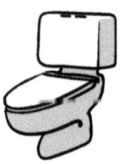

el inodoro

WC-pott

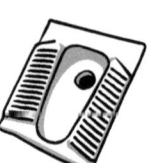

el inodoro rústico

kükitamistualett

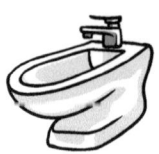

el bidé

bidee

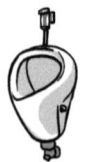

el urinario

pissuaar

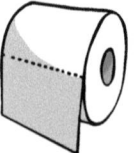

el papel higiénico

tualettpaber

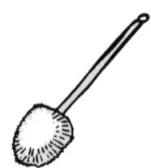

la escobilla del váter

WC-hari

el cepillo de dientes

hambahari

la pasta de dientes

hambapasta

el hilo dental

hambaniit

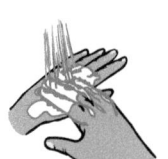

lavar

pesema

la ducha de mano

käsidušš

la ducha íntima

intiimdušš

la pila

pesukauss

el cepillo de espalda

seljahari

el jabón

seep

el gel de ducha

dušigeel

el champú

šampoon

la toallita

vamm

el desagüe

äravool

la crema

kreem

el desodorante

deodorant

el espejo

peegel

el espejo de tocador

käsipeegel

la maquinilla de afeitar

habemenuga

la espuma de afeitar

raseerimisvaht

la loción postafeitado

habemevesi

el peine

kamm

el cepillo

hari

el secador

föön

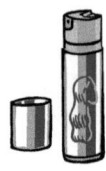

la laca

juukselakk

el maquillaje

meigikomplekt

el pintalabios

huulepulk

el pintauñas

küünelakk

el algodón

vatt

el cortauñas

küünekäärid

el perfume

parfüüm

el estuche de viaje

tualett-tarvete kott

la banqueta

taburet

la balanza

kaal

el albornoz

hommikumantel

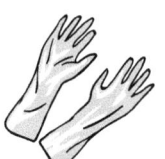

los guantes de goma

kummikindad

el tampón

tampoon

la compresa

hügieeniside

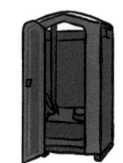

el inodoro químico

keemiline tualett

# la habitación de los niños
## lastetuba

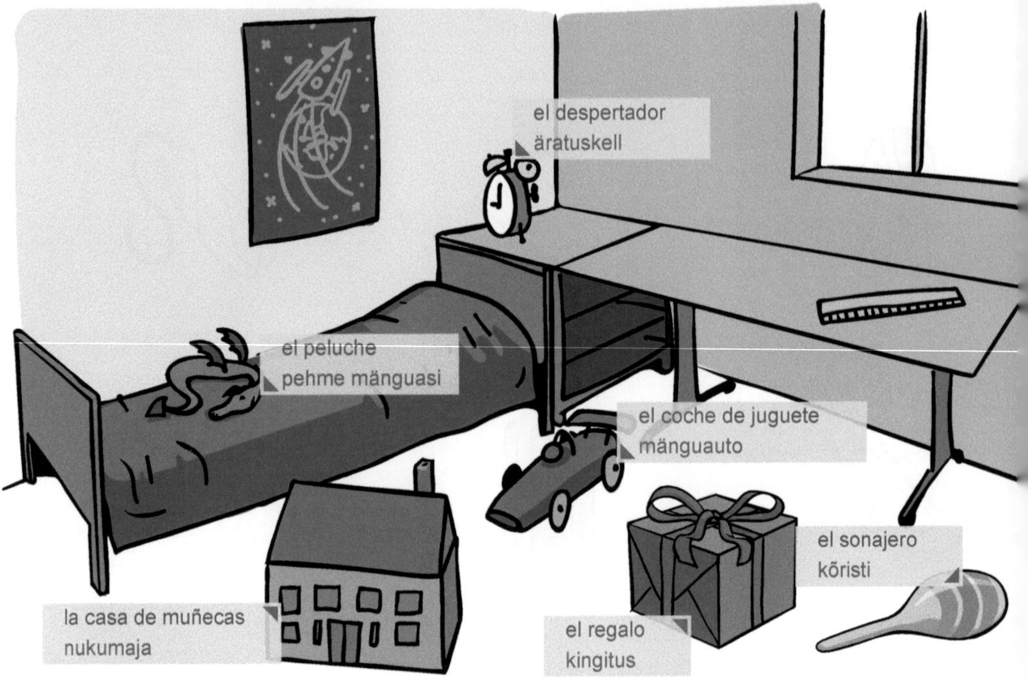
el despertador
äratuskell
el peluche
pehme mänguasi
el coche de juguete
mänguauto
el sonajero
kõristi
la casa de muñecas
nukumaja
el regalo
kingitus

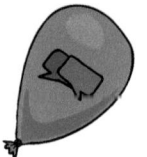

el globo

õhupall

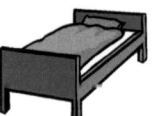

la cama

voodi

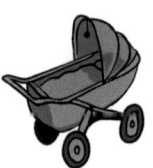

el coche de niño

lapsevanker

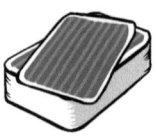

los naipes

kaardipakk

el puzle

pusle

SUPER MEGA

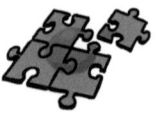

el tebeo

koomiks

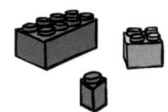

las piezas de lego

Lego klotsid

los bloques de juguete

klotsid

la figura de acción

kujuke

el bodi (de bebé)

siputuspüksid

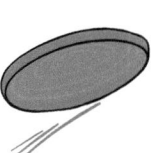

el frisbee

lendav taldrik

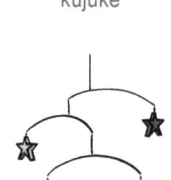

el colgador móvil para bebés

voodikarussell

el juego de mesa

lauamäng

los dados

täringud

el circuito de tren eléctrico

mudelrong

el maniquí

lutt

la fiesta

pidu

el álbum de fotos

pildiraamat

la pelota

pall

la muñeca

nukk

jugar

mängima

el cajón de arena

liivakast

el columpio

kiik

los juguetes

mänguasjad

la videoconsola

mängukonsool

el triciclo

kolmerattaline jalgratas

el oso de peluche

mängukaru

la guardarropa

riidekapp

## la ropa

## riietus

los calcetines

sokid

las medias

sukad

los leotardos

sukkpüksid

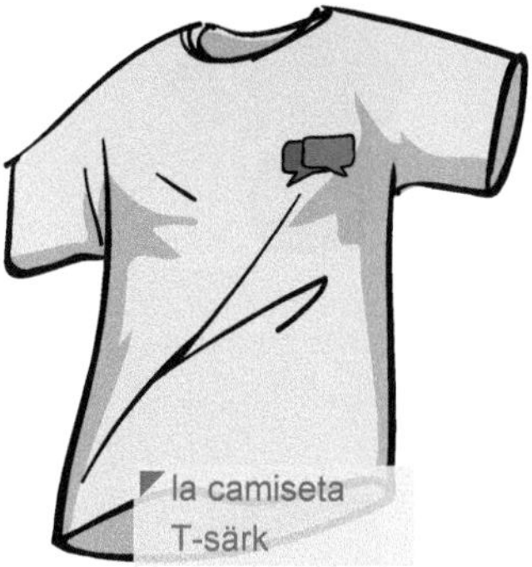

la bufanda
sall

el cinturón
vöö

el paraguas
vihmavari

la camiseta
T-särk

las botas
saapad

las zapatillas
sussid

las deportivas
tossud

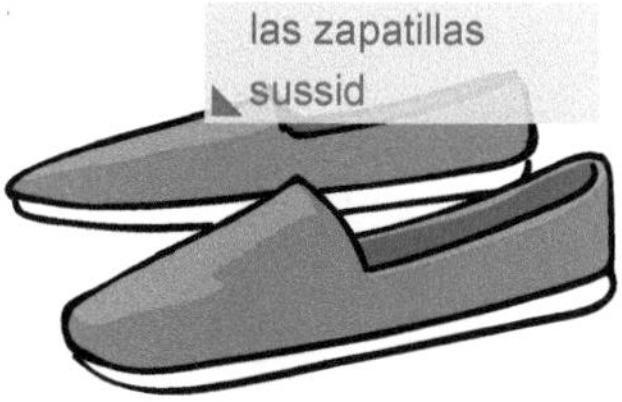

las sandalias
·················
sandaalid

los zapatos
·················
jalatsid

las botas de goma
·················
kummikud

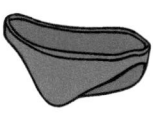

el slip
·················
aluspüksid

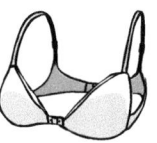

el sostén
·················
rinnahoidja

el chaleco
·················
vest

el bodi

bodi

los pantalones cortos

püksid

los vaqueros

teksapüksid

la falda

seelik

la blusa

pluus

la camisa

särk

el jersey

sviiter

el suéter

dressipluus

el blazer

bleiser

la chaqueta

jakk

el abrigo

mantel

la gabardina

vihmamantel

el traje

kostüüm

el vestido

kleit

el vestido de novia

pulmakleit

la ropa - riietus

el traje
ülikond

el camisón
öösärk

el pijama
pidžaama

el sati
sari

el bandana
pearätt

el turbante
turban

la burka
burka

el caftán
kaftan

la abaya
abayah

el traje de baño
ujumistrikoo

el bañador
ujumispüksid

los pantalones cortos
lühikesed püksid

el chándal
dressid

el delantal
põll

los guantes
kindad

el botón

nööp

las gafas

prillid

el brazalete

käevõru

el collar

kaelakee

el anillo

sõrmus

el pendiente

kõrvarõngas

la gorra

nokamüts

la percha

riidepuu

el sombrero

kaabu

la corbata

lips

la cremallera

tõmblukk

el casco

kiiver

los tirantes

traksid

el uniforme

koolivorm

el uniforme

vormirõivad

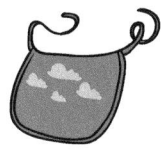

el babero

pudipõll

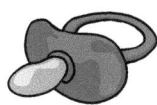

el maniquí

lutt

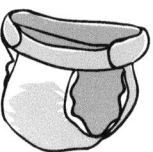

el pañal

mähe

# la oficina
## kontor

el servidor
server
el archivo
arhiivikapp
la impresora
printer
el papel
paber
el monitor
monitor
el escritoria
kirjutuslaud
el ratón
hiir
la carpeta
kaust
el teclado
klaviatuur
la papelera
paberikorv
el ordenador
arvuti
la silla
tool


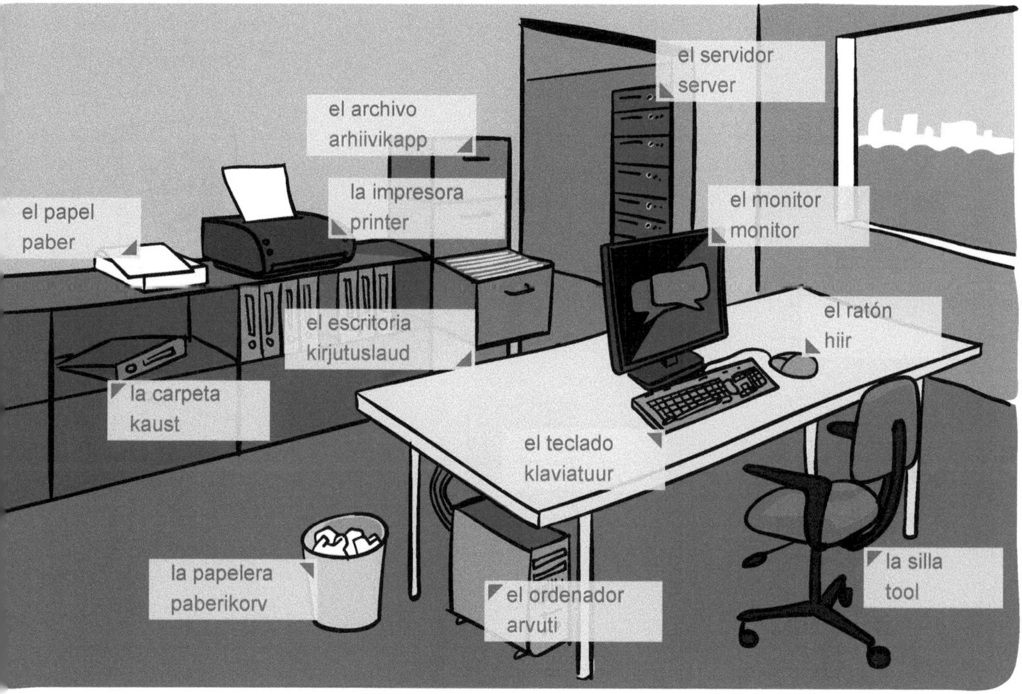

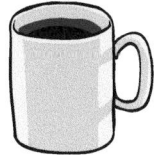

la taza de café

kohvikruus

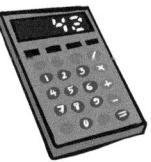

la calculadora

kalkulaator

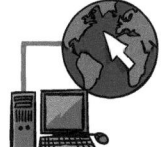

el internet

internet

el portátil

sülearvuti

la carta

kiri

el mensaje

sõnum

el móvil

mobiiltelefon

la red

võrk

la fotocopiadora

koopiamasin

el software

tarkvara

el teléfono

telefon

la toma de corriente

pistikupesa

el fax

faksimasin

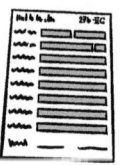

el formulario

vorm

el documento

dokument

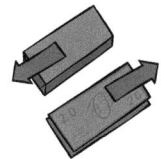

comprar
ostma

pagar
maksma

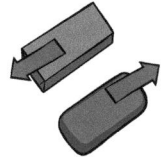

comerciar
vahetama

el dinero
raha

 **USD**

el dólar
dollar

 **EUR**

el euro
euro

 **JPY**

el yen
jeen

 **RUB**

el rublo
rubla

 **CHF**

el franco suizo
Šveitsi frank

 **CNY**

el renminbi yuan
renminbi jüaan

 **INR**

la rupia
ruupia

el cajero automático
sularahaautomaat

la oficina de cambio de divisas

valuutavahetuspunkt

el oro

kuld

la plata

hõbe

el petróleo

nafta

la energía

energia

el precio

hind

el contrato

leping

el impuesto

maks

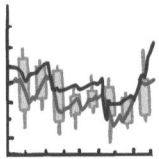

la acción

aktsia

trabajar

töötama

el empleador

töötaja

el empleador

tööandja

la fábrica

tehas

la tienda de campaña

kauplus

# los oficios
# ametid

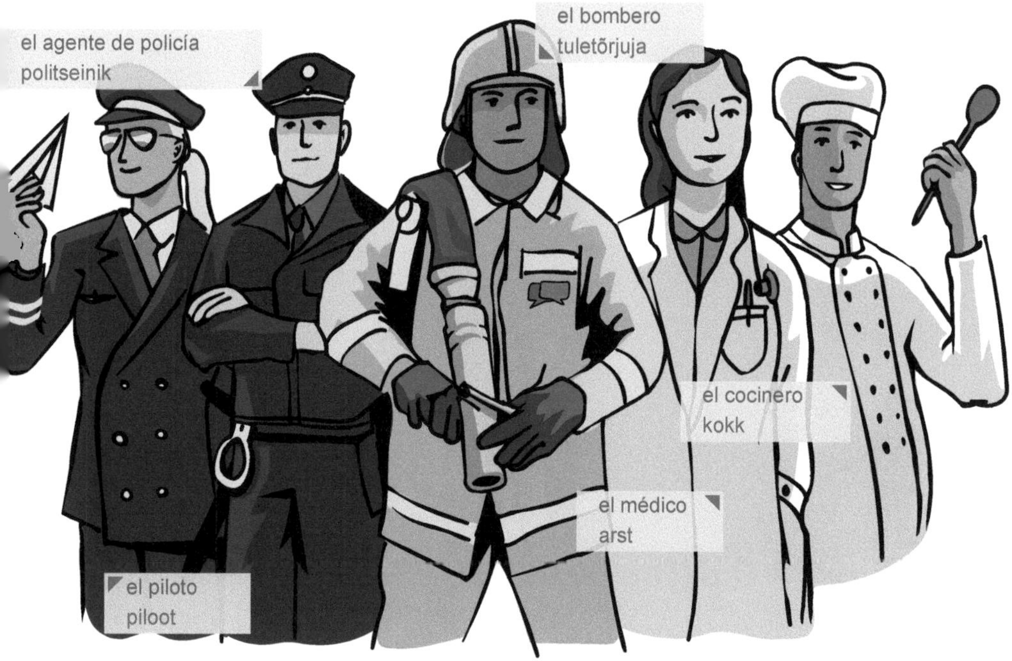
el agente de policía
politseinik
el bombero
tuletõrjuja
el cocinero
kokk
el médico
arst
el piloto
piloot

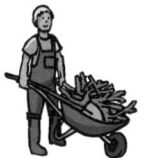

el jardinero

aednik

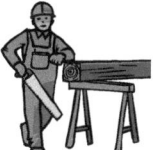

el carpintero

puusepp

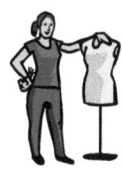

la costurera

õmbleja

el juez

kohtunik

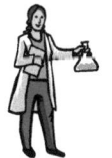

el farmacéutico

keemik

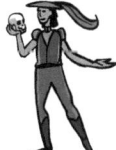

el actor

näitleja

el conductor de autobús

bussijuht

el taxista

taksojuht

el pescador

kalamees

la señora de la limpieza

koristaja

el techador

katusepaigaldaja

el camarero

kelner

el cazador

jahimees

el pintor

maaler

el panadero

pagar

el electricista

elektrik

el obrero

ehitaja

el ingeniero

insener

el carnicero

lihunik

el fontanero

torumees

el cartero

postiljon

el soldado

sõdur

el arquitecto

arhitekt

el cajero

kassapidaja

el florista

lillemüüja

el peluquero

juuksur

el revisor

piletikontrolör

el mecánico

mehaanik

el capitán

kapten

el dentista

hambaarst

el científico

teadlane

el rabino

rabi

el imán

imaam

el monje

munk

el sacerdote

preester

# las herramientas
## tööriistad

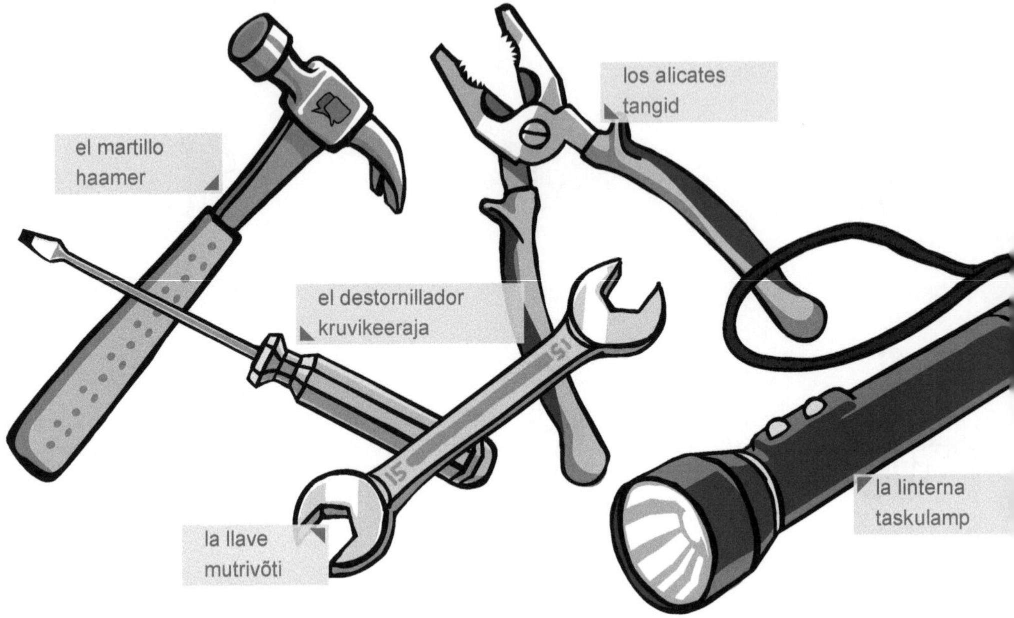

los alicates
tangid
el martillo
haamer
el destornillador
kruvikeeraja
la linterna
taskulamp
la llave
mutrivõti


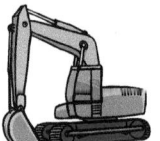

la excavadora

ekskavaator

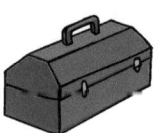

la caja de herramientas

tööriistakast

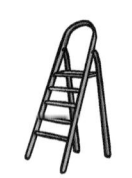

la escalera de mano

redel

la sierra

saag

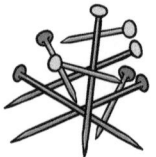

los clavos

naelad

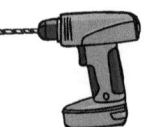

el taladro

trell

reparar
parandama

la pala
labidas

¡Maldita sea!
Põrgusse!

el recogedor
kühvel

el bote de pintura
värvipott

los tornillos
kruvid

## los instrumentos musicales
### pillid

la batería
trummikomplekt

el altavoz
kõlar

la guitarra
kitarr

el contrabajo
kontrabass

la trompeta
trompet

el piano

klaver

el violín

viiul

bajo

bass

los timbales

timpan

el tambor

trummid

el teclado

süntesaator

el saxofón

saksofon

la flauta

flööt

el micrófono

mikrofon

# el zoo

## loomaaed

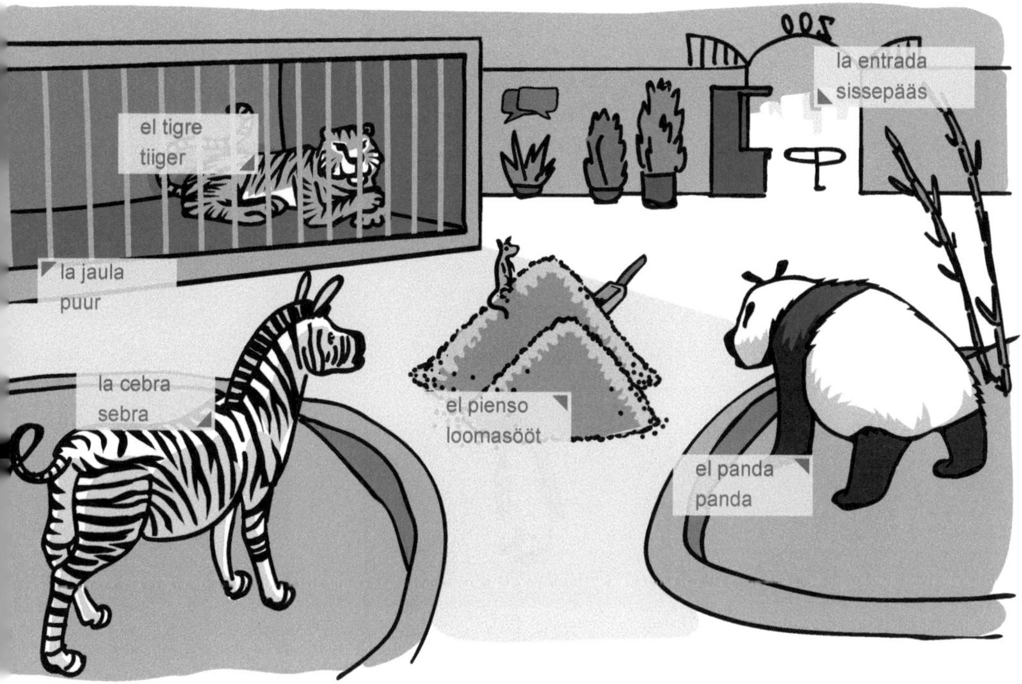
la entrada
sissepääs
el tigre
tiiger
la jaula
puur
la cebra
sebra
el pienso
loomasööt
el panda
panda

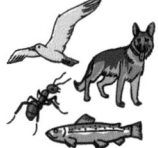

los animales

loomad

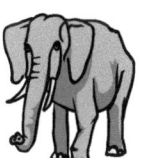

el elefante

elevant

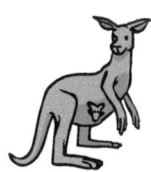

el canguro

känguru

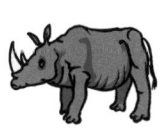

el rinoceronte

ninasarvik

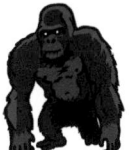

el gorila

gorilla

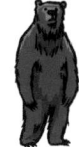

el oso

karu

el camello

kaamel

el avestruz

jaanalind

el león

lõvi

el mono

ahv

el flamingo

flamingo

el loro

papagoi

el oso polar

jääkaru

el pingüino

pingviin

el tiburón

hai

el pavo real

paabulind

la serpiente

madu

el cocodrilo

krokodill

el guardián de zoológico

loomaaiatalitaja

la foca

hüljes

el jaguar

jaaguar

el poni

poni

el leopardo

leopard

el hipopótamo

jõehobu

la jirafa

kaelkirjak

el águila

kotkas

el jabalí

metssiga

el pescado

kala

la tortuga

kilpkonn

la morsa

morsk

el zorro

rebane

la gacela

gasell

el fútbol americano
Ameerika jalgpall

el ciclismo
jalgrattasõit

el tenis
tennis

el baloncesto
korvpall

la natación
ujumine

el boxeo
poksimine

el hockey sobre hielo
jäähoki

el fútbol

jalgpall

el bádminton

sulgpall

el atletismo

kergejõustik

el balonmano

käsipall

el esquí

suusatamine

el polo

polo

reír
naerma

saltar
hüppama

abrazar
kallistama

caminar
jalutama

cantar
laulma

soñar
unistama

rezar
palvetama

besar
suudlema

escribir
kirjutama

dibujar
joonistama

mostrar
näitama

empujar
lükkama

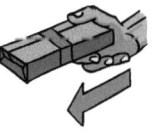

dar
andma

tomar
võtma

tener
omama

hacer
tegema

ser
olema

estar de pie
seisma

correr
jooksma

tirar
tõmbama

tirar
viskama

caer
kukkuma

yacer
lamama

esperar
ootama

llevar
kandma

estar sentado
istuma

vestirse
riidesse panema

dormir
magama

despertar
ärkama

mirar

vaatama

llorar

nutma

acariciar

paitama

peinar

kammima

hablar

rääkima

entender

aru saama

preguntar

küsima

escuchar

kuulama

beber

jooma

comer

sööma

ordenar

korrastama

amar

armastama

cocinar

süüa tegema

conducir

sõitma

volar

lendama

navegar

purjetama

calcular

arvutama

leer

lugema

aprender

õppima

trabajar

töötama

casarse

abielluma

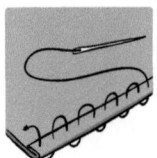

coser

õmblema

cepillarse los dientes

hambaid pesema

matar

tapma

fumar

suitsetama

enviar

saatma

# la familia
# perekond

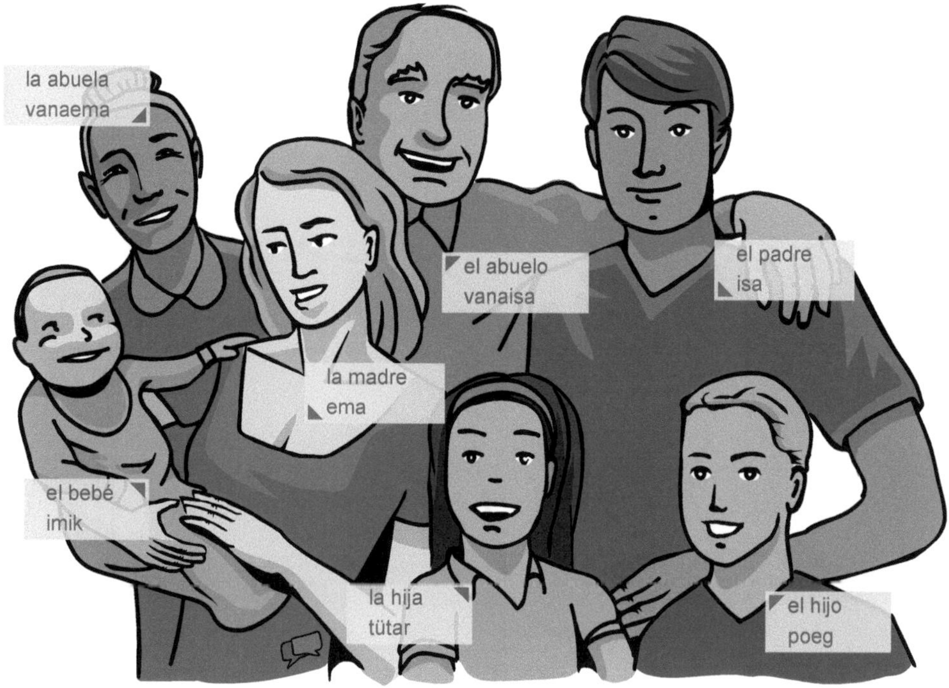

la abuela
vanaema
el abuelo
vanaisa
el padre
isa
la madre
ema
el bebé
imik
la hija
tütar
el hijo
poeg


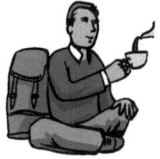

el invitado

külaline

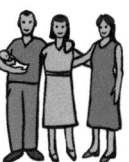

la tía

tädi

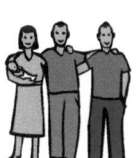

el tío

onu

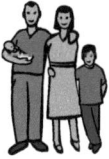

el hermano

vend

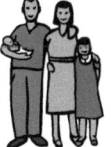

la hermana

õde

# el cuerpo
## keha

la frente
otsmik
el ojo
silm
el hombro
õlg
el dedo
sõrm
la cara
nägu
la barbilla
lõug
la mano
käsi
la pierna
jalg
el pecho
rind
el brazo
käsivars

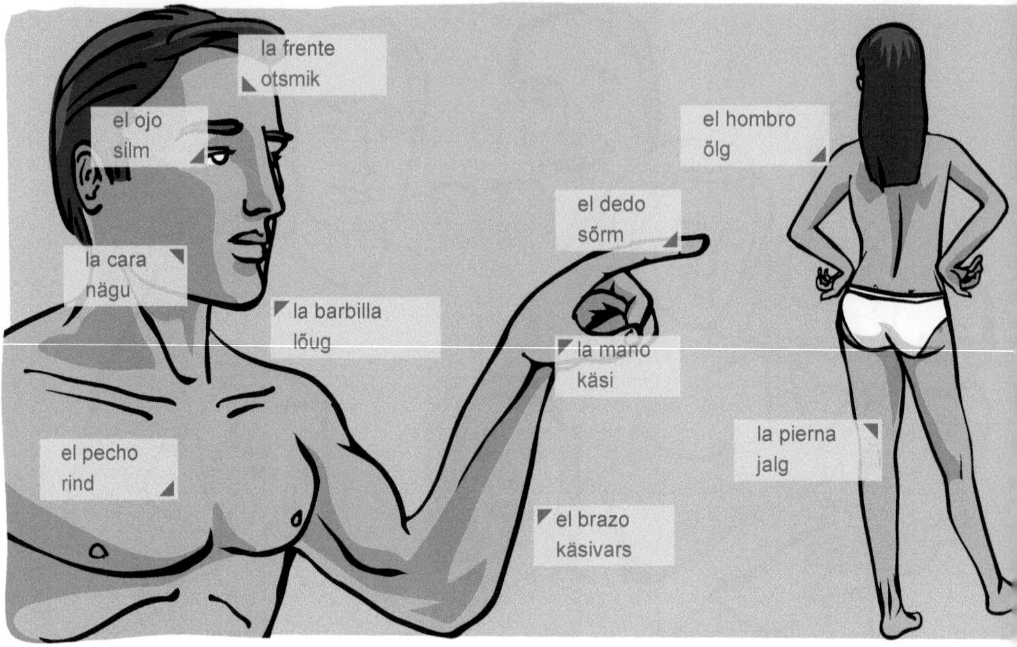

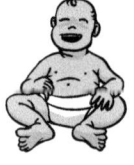

el bebé
imik

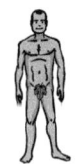

el hombre
mees

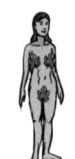

la mujer
naine

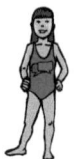

la chica
tüdruk

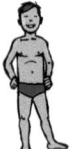

el chico
poiss

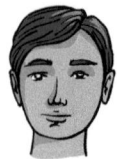

la cabeza
pea

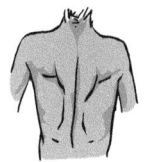

la espalda
selg

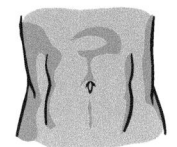

el vientre
kõht

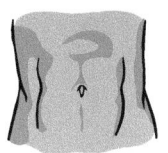

el ombligo
naba

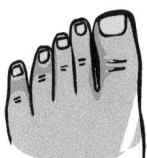

el dedo del pie
varvas

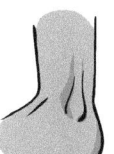

el talón
kand

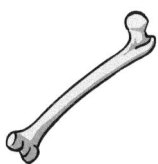

el hueso
luu

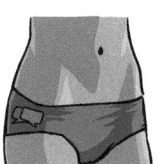

la cadera
puus

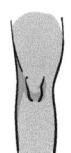

la rodilla
põlv

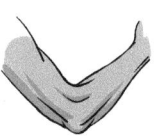

el codo
küünarnukk

la nariz
nina

el trasero
tagumik

la piel
nahk

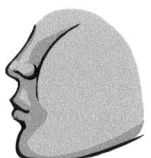

la mejilla
põsk

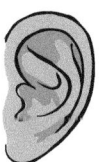

el oído
kõrv

el labio
huuled

la boca
suu

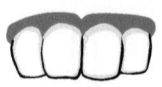

el diente
hammas

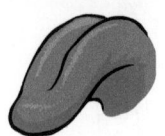

la lengua
keel

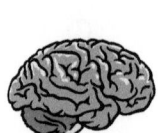

el cerebro
aju

el corazón
süda

el músculo
lihas

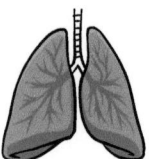

el pulmón
kops

el hígado
maks

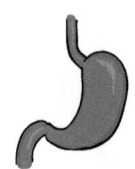

el estómago
magu

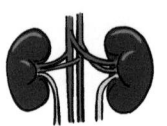

los riñones
neerud

el sexo
seksuaalvahekord

el condón
kondoom

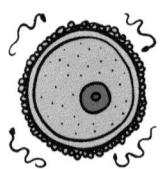

el ovario
munarakk

el semen
sperma

el embarazo
rasedus

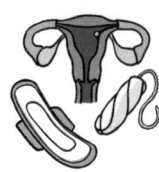

la menstruación

menstruatsioon

la vagina

vagiina

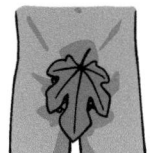

el pene

peenis

la ceja

kulm

el pelo

juuksed

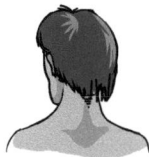

el cuello

kael

# el hospital
## haigla

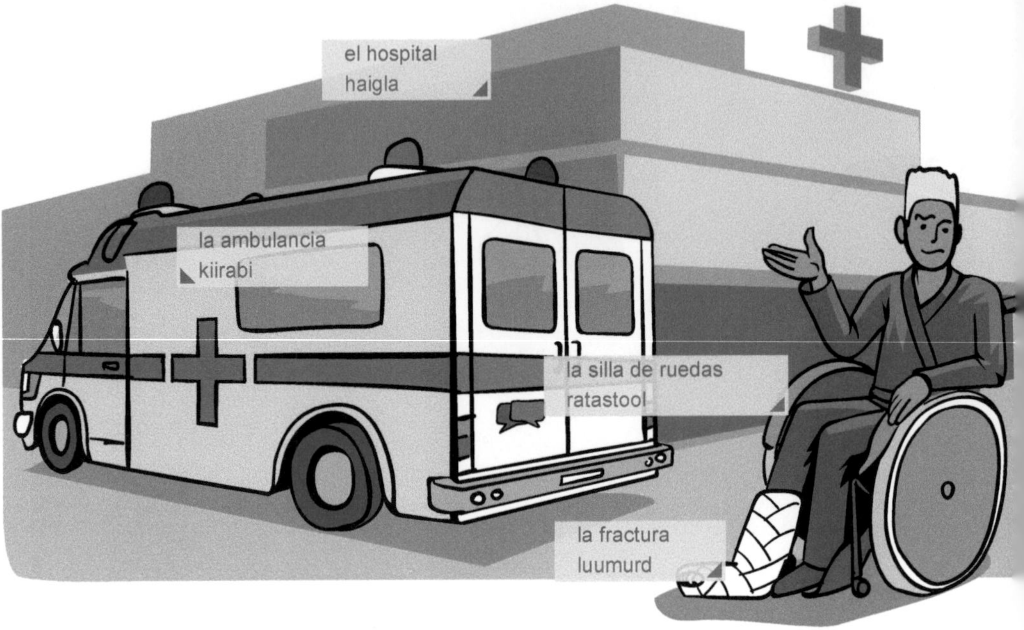

el hospital
haigla
la ambulancia
kiirabi
la silla de ruedas
ratastool
la fractura
luumurd

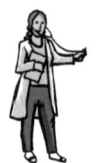

el médico
arst

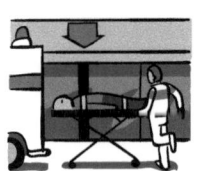

la sala de urgencias
traumapunkt

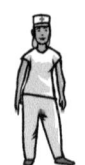

la enfermera
meditsiiniõde

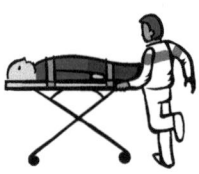

la urgencia
hädaolukord

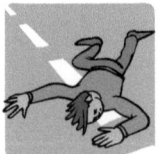

inconsciente
teadvuseta

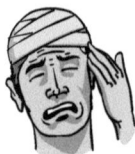

el dolor
valu

la lesión
vigastus

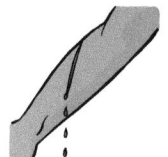

la hemorragia
verejooks

el infarto
südamerabandus

el ictus
insult

la alergia
allergia

la tos
köha

la fiebre
palavik

la gripe
gripp

la diarrea
kõhulahtisus

el dolor de cabeza
peavalu

el cáncer
vähk

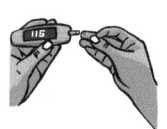

la diabetes
diabeet

el cirujano
kirurg

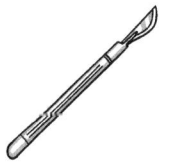

el bisturí
skalpell

la operación
operatsioon

TAC

KT

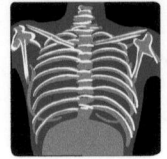

los rayos x

röntgen

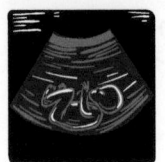

el ultrasonido

ultraheli

la mascarilla

mask

la enfermedad

haigus

la sala de espera

ooteruum

la muleta

kark

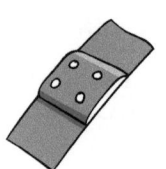

la tirita

kips

la venda

side

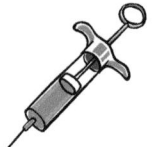

la inyección

süst

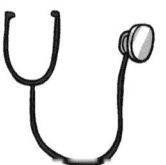

el estetoscopio

stetoskoop

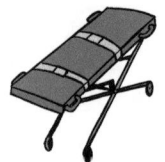

la camilla

kanderaam

el termómetro

kraadiklaas

el nacimiento

sünd

el sobrepeso

ülekaaluline

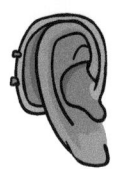

el audífono

kuuldeaparaat

el desinfectante

desinfektsioonivahend

la infección

põletik

el virus

viirus

VIH / SIDA

HIV / AIDS

la medicina

meditsiin

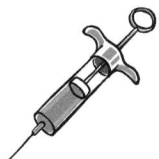

la vacunación

vaktsineerimine

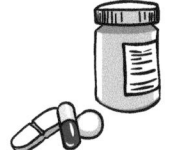

las tabletas

tabletid

la pastilla

pill

la llamada de urgencia

hädaabikõne

el tensiómetro

vererõhuaparaat

enfermo / sano

haige / terve

¡Socorro!

Appi!

la alarma

häire

el asalto

kallaletung

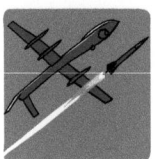

el ataque

rünnak

el peligro

oht

la salida de emergencia

avariiväljapääs

¡Fuego!

Tulekahju!

el extintor de incendios

tulekustuti

el accidente

õnnetus

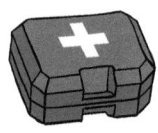

el botiquín de primeros auxilios

esmaabikomplekt

SOS

SOS

la policía

politsei

Europa

Euroopa

Norteamérica

Põhja-Ameerika

Sudamérica

Lõuna-Ameerika

África

Aafrika

Asia

Aasia

Australia

Austraalia

el atlántico

Atlandi ookean

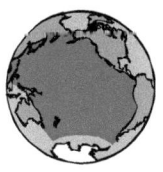

el Pacífico

Vaikne ookean

el Océano Índico

India ookean

el Océano Antártico

Lõuna-Jäämeri

el Océano Ártico

Põhja-Jäämeri

el polo norte

põhjapoolus

el polo sur

lõunapoolus

La Antártida

Antarktika

la tierra

Maa

la tierra

maismaa

el mar

meri

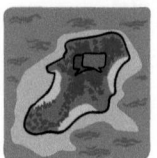

la isla

saar

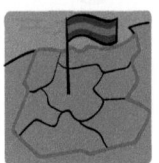

la nación

rahvus

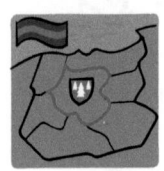

el estado

riik

la esfera

sihverplaat

la manecilla de las horas

tunniosuti

el minutero

minutiosuti

el segundero

sekundiosuti

¿Qué hora es?

Mis kell on?

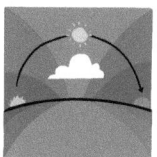

el día

päev

el tiempo

aeg

ahora

praegu

el reloj digital

digitaalne kell

el minuto

minut

la hora

tund

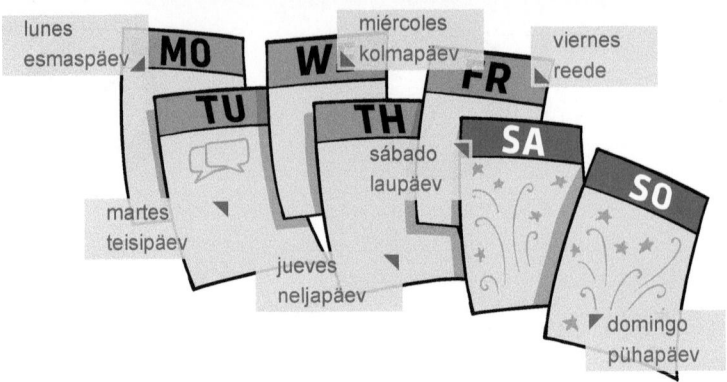

lunes
esmaspäev

miércoles
kolmapäev

viernes
reede

martes
teisipäev

sábado
laupäev

jueves
neljapäev

domingo
pühapäev

ayer

eile

hoy

täna

mañana

homme

la mañana

hommik

el mediodía

lõuna

la tarde

õhtu

| MO | TU | WE | TH | FR | SA | SU |
|----|----|----|----|----|----|----|
| 1 | 2 | 3 | 4 | 5 | 6 | 7 |
| 8 | 9 | 10 | 11 | 12 | 13 | 14 |
| 15 | 16 | 17 | 18 | 19 | 20 | 21 |
| 22 | 23 | 24 | 25 | 26 | 27 | 28 |
| 29 | 30 | 31 | 1 | 2 | 3 | 4 |

los días laborables

tööpäevad

| MO | TU | WE | TH | FR | SA | SU |
|----|----|----|----|----|----|----|
| 1 | 2 | 3 | 4 | 5 | 6 | 7 |
| 8 | 9 | 10 | 11 | 12 | 13 | 14 |
| 15 | 16 | 17 | 18 | 19 | 20 | 21 |
| 22 | 23 | 24 | 25 | 26 | 27 | 28 |
| 29 | 30 | 31 | 1 | 2 | 3 | 4 |

el fin de semana

nädalavahetus

la lluvia
vihm

el arcoíris
vikerkaar

la nieve
lumi

el viento
tuul

la primavera
kevad

el otoño
sügis

el verano
suvi

el invierno
talv

| | | | |
|---|---|---|---|
| 4.APRIL | 11° | ☀ |
| 5.APRIL | 4° | 🌧 |
| 6.APRIL | 13° | ⛈ |
| 7.APRIL | 8° | ☀ |
| 8.APRIL | 10° | ☀ |

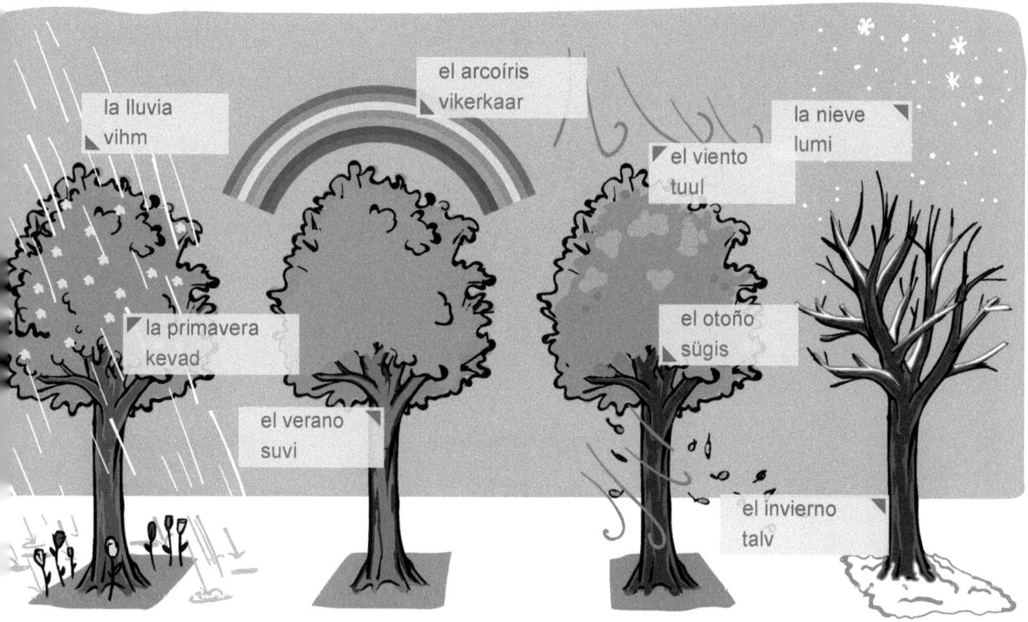

el pronóstico del tiempo

ilmaennustus

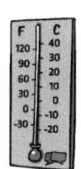

el termómetro

termomeeter

el sol

päikesepaiste

la nube

pilv

la niebla

udu

la humedad

niiskus

el rayo

pikne

el trueno

kõu

la tormenta

torm

el granizo

rahe

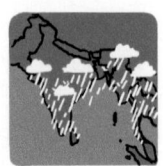

el monzón

mussoon

la inundación

üleujutus

el hielo

jää

enero

jaanuar

febrero

veebruar

marzo

märts

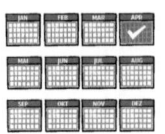

abril

aprill

mayo

mai

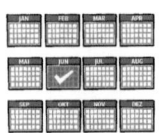

junio

juuni

julio

juuli

agosto

august

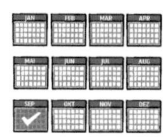

septiembre
september

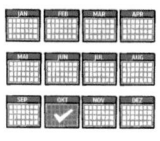

octubre
oktoober

noviembre
november

diciembre
detsember

## las formas
## kujundid

el círculo
ring

el cuadrado
ruut

el rectángulo
nelinurk

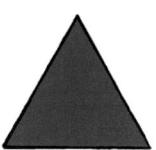

el triángulo
kolmnurk

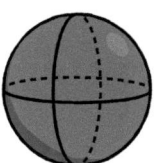

la esfera
kera

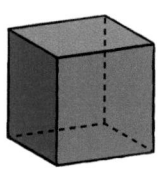

el cubo
kuup

blanco

valge

amarillo

kollane

anaranjado

oranž

rosa

roosa

rojo

punane

morado

lilla

azul

sinine

verde

roheline

marrón

pruun

gris

hall

negro

must

mucho / poco

palju / vähe

enojado / tranquilo

vihane / rahulik

bonito / feo

ilus / inetu

principio / fin

algus / lõpp

grande / pequeño

suur / väike

claro / oscuro

hele / tume

el hermano / la hermana

vend / õde

limpio / sucio

puhas / must

completo / incompleto

täielik / puudulik

el día / la noche

päev / öö

muerto / vivo

surnud / elus

ancho / estrecho

lai / kitsas

comestible / no comestible

·················

söödav / mittesöödav

malo / amable

·················

kuri / sõbralik

entusiasmado / aburrido

·················

põnevil / tüdinud

gordo / delgado

·················

paks / peenike

primero / último

·················

esimene / viimane

el amigo / el enemigo

·················

sõber / vaenlane

lleno / vacío

·················

täis / tühi

duro / blando

·················

kõva / pehme

pesado / ligero

·················

raske / kerge

el hambre / la sed

·················

nälg / janu

enfermo / sano

·················

haige / terve

ilegal / legal

·················

ebaseaduslik / seaduslik

inteligente / tonto

·················

tark / rumal

izquierda / derecha

·················

vasak / parem

cerca / lejos

·················

lähedal / kaugel

nuevo / usado
uus / kasutatud

nada / algo
mitte midagi / midagi

viejo / joven
vana / noor

encendido / apagado
sees / väljas

abierto / cerrado
lahti / kinni

silencioso / ruidoso
vaikne / vali

rico / pobre
rikas / vaene

correcto / incorrecto
õige / vale

áspero / suave
kare / sile

triste / contento
kurb / rõõmus

corto / largo
lühike / pikk

lento / rápido
aeglane / kiire

húmedo / seco
märg / kuiv

cálido / frío
soe / jahe

guerra / paz
sõda / rahu

# los números

**0**

cero

null

**1**

uno

üks

**2**

dos

kaks

**3**

tres

kolm

**4**

cuatro

neli

**5**

cinco

viis

**6**

seis

kuus

**7**

siete

seitse

**8**

ocho

kaheksa

**9**

nueve

üheksa

**10**

diez

kümme

**11**

once

üksteist

**12**

doce

kaksteist

**13**

trece

kolmteist

**14**

catorce

neliteist

**15**

quince

viisteist

**16**

dieciséis

kuusteist

**17**

diecisiete

seitseteist

**18**

dieciocho

kaheksateist

**19**

diecinueve

üheksateist

**20**

veinte

kakskümmend

**100**

cien

sada

**1.000**

mil

tuhat

**1.000.000**

el millón

miljon

los números - numbrid

el inglés

inglise

el inglés americano

Ameerika inglise

el chino madarín

mandariini

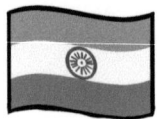

el hindi

hindi

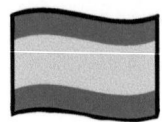

el español

hispaania

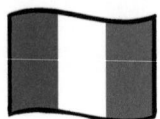

el francés

prantsuse

el árabe

araabia

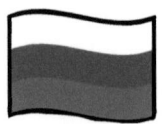

el ruso

vene

el portugués

portugali

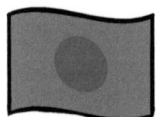

el bengalí

bengali

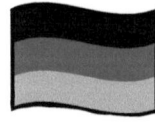

el alemán

saksa

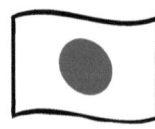

el japonés

jaapani

yo

mina

tú

sina

él / ella / ello

tema

nosotros/as

meie

vosotros/as

teie

ellos/as

nemad

¿quién?

kes?

¿qué?

mis?

¿cómo?

kuidas?

¿dónde?

kus?

¿cuándo?

millal?

el nombre

nimi

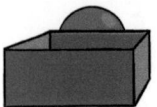

detrás

taga

en

sees

delante de

ees

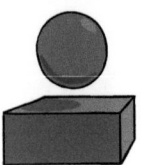

por encima de

kohal

sobre

peal

debajo de

all

junto a

kõrval

entre

vahel

el lugar

koht